〝着ない服〞がゼロになる！

稼働率100％クローゼットの作り方

小山田早織

はじめに

クローゼットは人生を映し出す鏡です。
価値観や生き方が如実に表れる第二の自分。

目をそむけたくなったりしていませんか?

この質問に対し、「はい」と
答えた方のために、この本を作りました。
とはいえ、なぜクローゼット限定なのか。
疑問に思われる方も多いでしょう。

私はスタイリストです。
洋服が好きすぎて、世の中と折り合いが
付かなくなった人の職業だと自負しているほど、
スタイリストと洋服は、切っても切れない関係。
毎日膨大な量の洋服に囲まれて仕事をしています。
ただし、プライベートは別です。
身の回りには、厳選された〝本当に好きなモノ〟
だけを置くように徹底しています。
以前、あふれた洋服用にアパートまで
借りていた時代もありました。
しかし、とあることをきっかけに、
山ほどの洋服を手放し、クローゼットを見直したら、
家全体が片付いただけでなく、心が整い、
人生そのものがうまく回り出したのです。

ご自身が本当に好きなモノを知っていますか?
自分の中の〝好き〟を大切にしていますか?

自身を彩る洋服が詰まった
クローゼットを見れば今の状態が分かります。
もし今、迷いや悩み、晴れない何かがあるならば
まずはご自身の鏡であるクローゼットの曇りを
徹底的に見直すことをおすすめします。
稼働率100%クローゼットの作り方を
マスターすれば、おのずと家じゅうを
大好きなモノで埋めたくなってくるはず。

お部屋はピカピカ、そして貴方の人生も
ピカピカに輝きだすことをお約束します。

(SAORI OYAMADA'S HISTORY) 小山田早織ヒストリー

2009

学生時代にデニムをデザイン

大学時代に岡山のデニム会社から声がかかり、ブランドを立ち上げ。当時話題に。

雑誌や写真集、広告にショーと仕事漬けの毎日

©ホリプロ

©小学館

©マイナビ presents TGC 2017 A/W

仕事が軌道に乗り、まさに馬車馬のごとく働き、家にいる時間はほとんどありませんでした。

2011

アシスタントを経て独立。夢だったスタイリストに

『CanCam』を筆頭に『GISELe』『with』など雑誌を中心に日々怒濤のコーデ組み。

TV『ヒルナンデス！』の木曜ファッションコーナーに出演中

テレビ番組『ヒルナンデス！』には2013年からお世話になっています。

一人暮らしのインテリアは白多めのモノトーンベース

バスルームには香水や化粧品をコレクション。クローゼットはパンパン。心配性でモノをたくさん所有していました。

2014-2017

広めの家へ引っ越し、事務所を借りるも仕事用の服は常に部屋の中にも……

コーデ組みと洋服のためにアパートを借りても尚、自宅には仕事用の洋服がかかったラックが。

『MOUSSY』で店装プロデュース

初めてVMD（ビジュアルマーチャンダイジング）に携わる。インテリアに向き合った貴重な経験。

メルカリ「グリーンフライデープロジェクト」でサスティナブルについて対談

ニュウマン新宿店初のPOPUPストア『STYLE BAR』をプロデュース

『エマール』のイメージキャラクターに就任

僭越ながら花王『エマール』のテレビCMに出演させていただきました。

『身の丈に合った服で美人になる』など書籍も出版

『Ezick』ディレクターとして店舗の内装まで携わる

2018-2020

プライベートでは第一子妊娠を機にクローゼットを整えはじめ、現在に至る

稼働率100%クローゼットが完成！

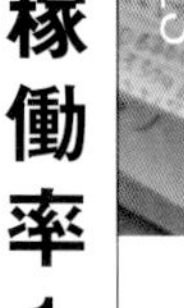

MY STORIES

私が稼働率100%クローゼットを完成させた理由

STORY ＼ 01

洋服の収納場所に月々8万円の家賃を払っていた過去

「スタイリストだから仕方ないよね」

自分の家にとどまらず、洋服を置くためだけにアパートを借りていた約3年前まで、増え続けるモノに対して、そう自分に言い聞かせていました。毎日たくさんの洋服に囲まれているこの仕事が大好きで、アシスタントの頃から洋服漬けの生活がとても幸せで。なので、自分のクローゼットもパンパンにしておくことが当たり前だと思っていました。

しかし、この状況に疑問を持ち始めたのは約4年前、最初の妊娠の時。馬車馬のように働き続けていた生活に突然、急ブレーキがかけられました。

もちろん妊娠したことはとても嬉しく、少しゆっくり過ごしてみよう、と最初は思っていたのですが、徐々に長い一人時間に戸惑いを覚え、家にいる時はクローゼットに滞留し、常に整理整頓する日々。にもかかわらず、デパートのベビー用品売り場に足繁く通っては余計なモノまで買い揃え、片付けてはモノが増え、増えては片付けという無限ループに陥っていきました。

産後1～2ヵ月頃になると、寝不足と慣れない育児でメンタルは疲弊の一途。そんな中、唯一社会と繋がっている気になれたインスタグラムに依存している

STORY ＼ 02

ミニマリストも断捨離も しっくりこなかったから編み出せた

自分がいました。

フォロワー数やいいね！数だけでなく、インサイトにも一喜一憂している間に、本来あるべき自分軸は失われ、自己肯定感は見事に崩壊していったのです。社会から分断された感覚に陥った私は、スタイリストを辞めようとすら考え始めていました。

ちょうど同じタイミングで、アパートの取り壊しに伴う立ち退き要請があり、ふと「服を置くために年間100万円近い賃料を払う必要はある？」という考えが頭をよぎりました。「必要ない」そう納得した私は、いつか仕事で使うかもしれない、また流行るかもしれないと取っておいた膨大な量の洋服をすべて手放しました。その数ざっと段ボール100個分。とはいえ、最初からすんなり手放せたわけではありません。モノを極限まで減らすミニマリストになりたいわけではないし、断捨離にまつわる本を読み漁って実践するもうまくいかず、出したモノを畳んで戻すだけなんてこともしばしば。

そしてそんな試行錯誤の末にたどり着いたのは、自己流の〝好きなモノ探し〟でした。大好きな洋服が詰まったクローゼットの中から、一番好きなモノを探す作業です。そう、それはもう宝探し。

結果、しがみついていた所有という名の鎧を捨て、自分の価値観を受け入れ、感性を大切にしたいと思える揺るぎない自信を得ることができました。

STORY ＼ 03

100%稼働率クローゼットは私のパワースポット

このクローゼットを完成させてからの、私の身の回りで起こる変化には驚きの連続でした。

まず、クローゼットだけでなく、家じゅうの整理整頓があっという間に終わり、ストレスフリーの快適空間ができ上がりました。

つぎに、悩んでいた人間関係が急展開を見せ、すべてが好転しはじめたのです。疎遠になっていた大切な人との縁が復活したり新しいご縁で結ばれたりと、まるでクローゼットそのもののように人間関係もシンプルに、そして心地よく循環し始め、何より家族との時間をより大切に、密度の濃いものへと変化させることができました。

さらには、仕事そのものの質が変わり、育児を楽しみながら、一つ一つの仕事に落ち着いて丁寧に向き合えるように。過度なストレスから解放され、毎日の仕事の内容にもワクワクできています。

適切な量の、心から好きだと感じられる洋服やモノだけに囲まれていると心が満たされ、自分の軸を持てるようになります。それが自信につながり、結果として思考がクリアになっていくのだと思います。思考がクリアになることで心に余裕が生まれ、物事にベストな状態で向き合えるようになるのです。

「稼働率１００％クローゼット」は言い換えると「循環するクローゼット」です。クローゼットを循環させることで無駄がなくなります。そしてより自分らしいおしゃれを楽しめるようになります。稼働率100%クローゼットに巡り合えたことは、私の人生、第二章の幕開けでもありました。

こんな貴方におすすめしたい片付け方法です

仕事や育児に追われながら、過ぎ去っていく日々。ゆっくり鏡を見ることも、ご飯を味わうこともできないまま、視界は狭く、ため息ばかりが増えていく。人生にはそんな時ももちろんあります。しかしずっと続くのは嫌ですよね？「片付ける」は「変わる」ことだと思います。もし少しでも「変わりたい」「片付けたい」と思っているのなら、ぜひとも実践してみてください。皆さまの理想のライフスタイルを作り出す道しるべとなりますように。

(CHECK LIST 01)

Check!

☑ 自分と他人を比較しがちな方

人と比べて落ち込んでしまう気持ち、痛いほど分かります。しかし自分の〝好き〟が明確になると、自分を大切にできるようになり、他人が気にならなくなる上に、自分軸を持てます。

☑ 自分に自信がない方

モノをたくさん所有していることは自信のなさの表れ。モノに依存しているのかもしれません。私の場合、思い切って手放すことで、自然と自信が持てるようになりました。

☑ 自己肯定感を高めたい方

まずは自分を認めてあげることです。最終的に好きなモノだけに囲まれて生活していると、心が満たされ、自分の価値観を受け入れられるようになり、自己肯定感が高まります。

☑ 余裕を持てない方

常に何かに追われて、時間がなく、すべてが中途半端に終わってしまう。ならば収納に余白を残してみてください。不思議なことに、心にも余白ができ、余裕が生まれます。

☑ 自分を二の次にしがちな方

自分をないがしろにすれば、そのツケは必ず回ってきます。自分らしい空間で、自分をたっぷり癒やしてあげてください。そうすればおのずと他人も大切にできると思うのです。

go to the next page

たかがクローゼットでしょ？と思われた方も多いのではないでしょうか。勇気を出してはっきり申し上げると、クローゼットは人生を映し出す鏡です。服はその人を明確に表現するツールです。その服が集まったクローゼットにはその人の人生が反映されているといっても過言ではありません。つまり、クローゼットを正せば人生が変わるのです。びっくりするような魔法が本当に起こるのです。

稼働率100%
クローゼットを完成させると
こんな魔法が起きます

(CHECK LIST 02)

Check! ☑ **無駄に気付けるようになる**

〝好き〞を見極められるようになれば、要るモノ、要らないモノを一瞬で判断できるようになるため、無駄な買い物をしなくなります。必要なモノだけで回せるようになっていきます。

☑ **人間関係が良好になる**

必要なモノ、好きなモノを見極める目は人間関係でも威力を発揮します。気が付くと、大切な人に囲まれるようになっています。

☑ **自己肯定感が高まる**

好きなモノに囲まれて日々過ごしていると、心が癒やされ、満たされていきます。自分らしさを大切にしたくなり、世間の常識や他人の目からも自由になれ、惑わされなくなります。

☑ **仕事もプライベートも上手くいく**

自分軸で生きられるようになると、本意でないことを続けたり、人に気を遣いすぎたりしなくなります。仕事も、趣味も、きっと恋だって上手くいくように！

☑ **痩せる!?**

〝食べ過ぎ〞は無駄を溜め込むのと一緒です。〝無駄〞を知れば適量が分かり、暴食から卒業できます。私も産後落ちなかった体重がすとんと落ち、つい食べ過ぎてしまうことがなくなりました。

CONTENTS

稼働率100%のクローゼット、
それは着ない服が一着もなく、
さらには好きなモノだけで
しっかり循環するクローゼットのこと。
自分にとって最高のアイテムだけが
並び、いつでも最高の自分を
演出できる魔法のクローゼットは、
私の人生を良い方向に
導いてくれました。ここでは
そんなクローゼットの作り方を
具体的にお伝えします。
何度も何度も手を入れて、
試行錯誤の末にたどり着いた
稼働率100%クローゼットは、
まさにパワースポット。
きっと貴方の人生も素敵に
彩ってくれることと信じています。

Chapter 01

HOW TO MAKE SAORI OYAMADA'S CLOSET

稼働率100%クローゼットの作り方

全部まとめるとこの量!

※掲載されている商品の中で価格の表記がないものは、すべて本人私物になります。
本人私物に関して、ショップやブランドへのお問い合わせはご遠慮ください。

POINT **01**

稼働率100%クローゼットで
大切なのは可視化です。

引き出しの奥にしまい込んでいて、
衣替えの時に「あ、こんなの
持っていたんだ!」なんてことは
ありませんか？　それでは稼働率を
上げることはできません。
まずは自分の持っている
アイテムを把握し、クローゼットを
開ければ、すぐに目に
飛び込んでくる状態にします。
それはシーズンアイテムも同じこと。
冬物だからとしまい込まず、
目に留まるようにしてみてください。
そうすれば、すべての洋服が
ヘビロテアイテムとなり、
貴方のクローゼットが循環し始めます。

BEFORE 昔は……ぎゅうぎゅう詰め!

ぎゅっと詰め込まれたクローゼット時代

山積みになった衣装ケース、押入れにつっぱり棒で作ったラックには、ハンガーが少しも動かせないほどパンパンに掛けられた洋服たち。さらにもうひと部屋もクローゼットとして使っていました。こんなにたくさんあるのに、つい手に取りやすい位置にある洋服ばかりを着て、出番のない洋服も……。

AFTER 今は……すべてが見える状態に

例えば衣装ケースからカラーボックスへ

POINT 02

スタイリストだから分かる!
10着あれば1カ月コーデが組めます。

For example

OUTER	1
+	
TOPS	5
+	
BOTTOMS	3
+	
ONE-PIECE	1
=	
TOTAL	10

スタイリストは職業柄、洋服をたくさん持っているイメージがあると思います。そしてかつての私はまさにそうでした。しかし雑誌の仕事で、何度も「10着で1ヵ月コーデ」的な企画を担当し、実際にコーデを組んでいるうちに、プライベートでも何十着もの洋服は必要がないことに気が付きました。着回しには、新しい着こなしを発見できる楽しみがありますし、本当に好きな服だけに絞るとたとえば自宅で過ごすだけの日も、着古してヨレたTシャツで過ごすなんていうことがなくなります。ベストな自分でいられる時間が多くなり、外でばったり誰かに会うことも怖くない!〝大切すぎて着られない!〟は卒業して、〝大切だから着回す!〟へシフトしていきましょう。

START!

例えば1週間コーデを組むと……

（SUN）Ⓐ＋Ⓓ＋Ⓘ
かっちりスタイルをデニムで外して

丈感や足元の抜け感を計算し尽くしたシンプルコーデ。ちょっとトラッドな雰囲気に。

（MON）Ⓑ＋Ⓔ＋Ⓘ
タイトにまとめてすっきりした印象に

ニットの裾からチラ見せしたTシャツとボリュームのあるブーツがアクセントのコーデ。

（TUE）Ⓑ＋Ⓓ＋Ⓖ
トラッドながらもどこかラフな雰囲気

シャツをアウトするだけでこんなリラックスした雰囲気に。肩掛けニットもポイント。

（WED）Ⓑ＋Ⓕ＋Ⓖ
お出かけにも通勤にもOKな万能コーデ

あらゆるシーンにマッチするきれいめコーデ。首元の白が全体をクリーンな印象に。

（THU）Ⓕ＋Ⓙ
ゆるっとしながらもモード感を漂わせて

背面の深めスリットが女性らしさを演出。モードなディテールをぴりっと効かせて。

（FRI）Ⓒ＋Ⓙ
ワントーンでまとめたリラックススタイル

ストレスフリーで着心地抜群ながらもシーンを選ばないオールマイティな着こなし。

（SAT）Ⓒ＋Ⓗ
フェミニン度高めなコーデは着痩せ効果も

ニットをインするだけで洗練された雰囲気に。Iラインが美スタイルも実現してくれる。

着回したのはこの10アイテム

Ⓐ 絶妙なシルエットで着やすい1枚

ATON
コート

Ⓑ ベーシックなグレーニット

ALLSAINTS
ニット

Ⓒ 程よいフィット感が秀逸な1枚

Uniqlo U
タートルネックニット

Ⓓ 着用時の立体感がお見事なシャツ

The Frankie Shop
シャツ

Ⓔ 3枚セットな上に丈夫な作りが◎

JIL SANDER
Tシャツ（3枚セット）

Ⓕ 適度な透け感で女っぽさを演出

ATON
タートルネックカットソー

Ⓖ 何にでも合う万能ボトム

Maison Margiela
スラックス

Ⓗ フェミニンで大人っぽい1枚

GALLARDAGALANTE
スカート

Ⓘ 愛してやまない定番デニム

RED CARD
デニムパンツ

Ⓙ あらゆるシーンにマッチするドレス

The Row
ドレス

※私物を掲載しておりますため、ブランドやショップへのお問い合わせはご遠慮ください。

POINT **03**

稼働率100%クローゼットは
一日2時間×3日で完成します。

DAY **01** 下着&靴下の整理→0.5H
洋服の色分け→1.5H

DAY **02** 色分けした洋服のアイテム分け→2H

DAY **03** 数を絞る→2H

洋服の山を思い浮かべて、
ついついクローゼットの片付けを
後回しにしている方へ朗報です。
稼働率100%クローゼットは長くても
一日2時間、3日で終わります。
コツは一つ、いきなり手持ち服を
すべて出して、広げないこと。
最初は下着や靴下といった、
小さなアイテムから始めることです。
そして次に、いきなり一つ一つの
洋服に向き合うのではなく、
事務的に色分け、アイテム分けと
淡々と進めていきます。
そう、数を絞るのは最後。でもその時には、
何が足りなくて何が多いか、
一目瞭然になっていますよ。

実践編はP38から!

稼働率100%クローゼットを完成させるための

My rules.

10のルール

このクローゼットを完成させるのに大切なのは、変わりたいと思う気持ち。ただ片付けるのではなく、クローゼットとともに心の中も整理していく作業なのです。試行錯誤の末にたどり着いたこの片付けには、10のルールがあります。このルールはクローゼットに限ったことではなく、片付け全般、さらには自分自身の価値観を変え、結果的に人生すらも変えてしまう力を秘めているのです。

01 断捨離

好きなモノ探し

世に言う〝断捨離〞がモノを減らし、ミニマリストになることだとしたら、今回の整理術はちょっと違います。私が提案するのは、ひと言で言うと〝好きなモノ探し〞。たくさんのモノの中に埋もれてしまっている、本当に好きなモノを探し出し、自分の周りにあるすべてを〝好き〞で埋め尽くす作業なのです。好きなモノだけに囲まれて暮らすことがどれだけ幸せか、ぜひとも体感してみてください。

02 使える服を買う

好きな服を買う

試着室などでよく耳にする「これは使えますよね～」という言葉。持つべき服は何パターンも着回せて、流行に左右されないシンプルなデザインのモノ。そう私たちの脳には刷り込まれていると思います。しかしそれって本当にご自身が着たい服でしょうか？　その服を着て、ワクワクしますか？　刷り込みは忘れて、大好きな服を着てください。大好きな服は必然的に何度でも着たいと思うものです。

Rule 03 思い出の品が捨てられない

↓

思い出だけ残す

昔、パリで買ったクロエのトートバッグ。駆け出しのスタイリストだった当時の私にとってそれは高価な買い物で、自分を鼓舞するためのツールでもありました。だからこそ、手放せずにいたのです。しかしある時、写真だけ撮って思い切って手放したら、なんとも言えない爽快感。写真を見返せば当時の気持ちが蘇ります。もう持つことはないと思うモノに対しては、それでいいということを学びました。

Rule **04**

10割収納
↓
5割収納

以前の私は10割を優に超えた12割収納。パンパンに詰まった引き出しやラックでは、いざ取り出したいモノがあってもひと苦労。全体像がつかみにくく、衣替えの際に「あーこの夏、これ着たかったのに」なんてことも。心の余裕同様、収納にも余裕が大切です。半分に減らせば、使う時も片付ける時も簡単に出し入れができますし、何よりも気持ちがいいものです。この気持ち良さを味わってみてください。

Rule 05

引き出し収納
↓
掛け&畳みで〝見せ〟収納

なぜ引き出し収納をおすすめしないか。それは〝見えない〟からです。クローゼットを開けて全体を見回した時、すべてが目に入る状態が理想です。お気に入りが可視化されていれば、ワクワクするという意図もありますし、引き出しの奥に入っていたら、お気に入りの洋服さえも見えません。見えないモノは見落とされ、出動回数も減っていき、100%稼働させることができなくなってしまいます。

Rule 06 買い足し続ける
↓
一つ買ったら一つ手放す

常に旬なコーディネートを楽しむコツは、適量の洋服を持ち、トレンドに振り回されずに程よく今っぽさを取り入れることです。そのためには、循環させる作業がとても重要となります。一つ買ったら一つ手放すという意識でいれば、ワードローブは必然的に循環していきますし、ショッピングの場でも一度立ち止まって考える癖ができます。その癖さえつけば、稼働率100%クローゼットをキープできます。

07 安いモノを買う ↓ 欲しいモノを買う

理由が〝安いから〟ならば、買ってはいけないと思っています。「欲しいけど高いなぁ」と思うモノを試しに一つワードローブに取り入れてみてください。驚くほどの高揚感を感じるはずです。その体験はまさにプライスレスです。〝安さ〟は時に〝好き〟と錯覚します。どうか心の目をクリアにして、本当に〝好き〟で欲しいと思うモノを少しずつ手に入れてください。

Rule 08

衣替えする
↓
衣替えしない

シーズンアイテムはしまい込まず見えるように収納する、これは鉄則です。例えば夏モノの薄手のワンピースをデニムにレイヤードして、ニットカーデを羽織ったら？ おしゃれ上級者の着こなしが完成です。シーズンアイテムを出しておけば端境期に適したコーディネートが組みやすく、さらに衣替えは要りません。それだけでかなりの時短だと思いませんか？

増え続けるバッグ

09

運用して循環

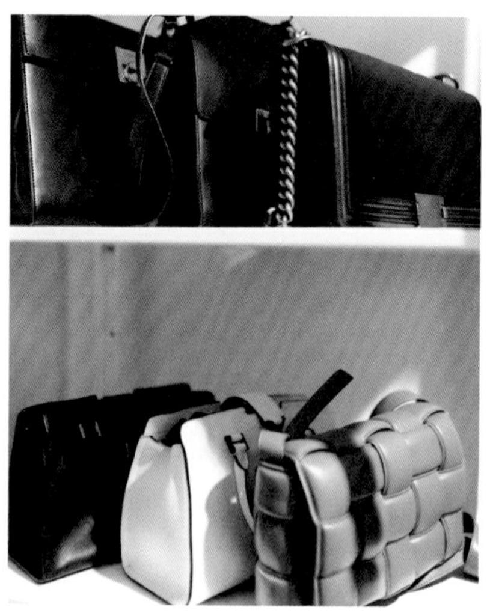

高額だからこそ、なかなか手放せないモノの一つにバッグがあります。特に流行ったブランドバッグは時期が過ぎると持ちづらく、タンスの肥やしになりがち。そこで旬のバッグを購入した場合には、気が済むまで持ち歩き、飽きる直前で売ってしまうのも手です。そのタイミングだと高値がつくことも多く、買い手にも喜ばれ一石二鳥です。

Rule 10

防虫剤
↓
お気に入りの香り

使い方を間違えるとシミができたり、においがついたりと、メリットだけではない防虫剤。換気口や窓がなく、防虫剤必須の環境でも、適切なケアをして引き出しにはしまわず、5割収納を意識しながらスペースを保てば、防虫剤がなくても大丈夫です。私は代わりにサンタ・マリア・ノヴェッラのフレグランスキャンドルを吊るしています。

COLUMN ＼ 01

着ない服がゼロになる＝モノを大事にするということ

「モノを大事にする」、それはとても大切なことです。しかし、衣服に限っていうならば、この考えに引っ張られて、結果「モノを大事にしていない」ことに陥っている場合があると思うのです。

少々値の張る上質な白シャツを購入したとします。白シャツは汚れが目立ちますし、クリーニング代も発生します。だからか「普段使いはもったいない」という思いにとらわれ始めませんか？

「特別な日に」と、クローゼットにしまわれて、日の目を見ないうちにシャツは黄ばみ、シルエットは古くなります。とはいえ「高かったから、まだ着られるから」捨てられず、結果としてタンスの肥やし増加キャンペーンに加担してしまうわけです。

高価なシャツを購入することが悪いわけではありません。上質な白シャツの光沢感は別格ですし、着用した際の高揚感はなにものにも代えられないほど。申し上げたいのは、そんな素敵なアイテムを活用しないなんて、そのほうがよっぽど「もったいない」ということです。例えば、お手持ちのベーシックな黒パンツに合わせてみてください。モード感のあるスタイリッシュな着こなしになるでしょう。着回しの幅は数え切れません。

では、シンプルで高価なアイテムが数枚あれば、こと足りるのか。この答えはスタイリスト目線でいくと否です。ある日突然、「ついこの間まで着ていた洋服が急激に似合わなくなったな」と感じたご経験はありませんか？　これは大人の女性あるあるです。大人になればなるほど、ベーシックなだけでなく程よいトレンド感を取り入れることが大切。それがないと地味に見えてしまうのです。また、抑圧された分だけ衝動買いに走りやすく、結果、タンスの肥やし増加キャンペーン再び、です。

ではなにが正解か。服に限っていうならば、「大好きな洋服だけで着回せる数を揃える」ことです。

さらに、選び方について。「好みのニットがあるけどお値段が張るので、よく似た、安いニットを買いました」。これが一番やってはいけない方法です。価格の問題ではありません。常に、ご自身のライフスタイルに合った一番欲しいモノを手に入れてください。なぜなら、一番欲しいモノを手に入れるまで、心は満たされないからです。

持っているアイテムすべてがスタメンであること、それが洋服的「モノを大事にする」ことなのだと、私は思うのです。

COLUMN \ **02**

お手入れすればするほど革は育ちます

私にも、大好きで何年も持ち続けている服があります。ただ洋服は経年劣化を避けられませんし、シルエットにはトレンドが反映されるので、数年前のアイテムはやはり古く感じてしまうのです（「古着」としてそのテイストがお好きならば話は別です）。だからこそ「循環させて着回しましょう」とこの本の中で、再三申し上げているのですが、革製品となると話が変わります。ブランドバッグに関しては、「運用して循環させるべき」だと思っていますが、日頃のお手入れはぜひ行ってみてください。なぜなら革は育つからです。さっとお手入れするだけで味わいが増し、なんともいえないツヤが出ます。お手入れすればするほど、革は応えてくれるのです。ですから、いずれ手放すにしても、一生使い続けるにしても、革に関しては適切なメンテナンスをおすすめします。やり方は簡単で、使ったらブラシでさっと汚れを落とす。ご自身が気になったタイミングで左のお手入れ方法を参考に実践してみてください。最初はハードルが高く感じるかもしれませんが、慣れてしまえば5分足らずで完了します。ただし、一番の特効薬はたくさん使ってあげることです。それに勝るケアはないと思っています。

お手入れしながら大切に育てているヴィンテージのセリーヌ。

HOW TO DO IT?

準備するモノ

愛用しているのは、見た目も可愛いM.MOWBRAYのシューケアセットとピカール（金属磨き）。

STEP 01 ／ まずはバッグ全体の汚れを軽く落とします

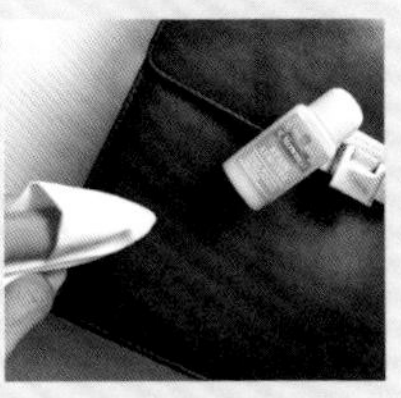

最初は色ムラ防止のため、目立たない底から始めましょう。まず全体汚れを馬毛のブラシでささっと落とします。

STEP 02 ／ 目立つ汚れをていねいに落とします

気になる汚れを見つけたら、汚れ落としできちんと落とし、その部分を優しくていねいに乾拭きします。

STEP 03 ／ クリームを全体にのばします

目立つ汚れを落としたら、革専用のデリケートクリームを馬毛ブラシで全体に優しく、まんべんなくのばします。

STEP 04 ／ クロスで乾拭きします

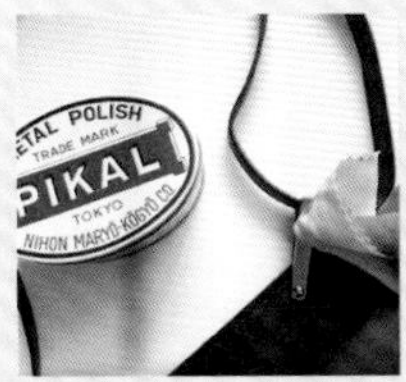

革にしっかり油分をなじませながら、クロスで乾拭きします。ベタつきが取れてホコリが付きにくくなります。

STEP 05 ／ 金属部分を金属磨きで磨きます

金具は金属磨き（デリケートなメッキは、剥げてしまわないようガラスクリーナーなど）で優しくていねいに磨きます。

STEP 06 ／ 風通しの良い場所で陰干しして完成！

最後は風通しの良い場所で陰干しし、完全に乾いたら完了。バッグも可視化して保管します。

稼働率100%クローゼットは
こうして作る!

How to do it!

10のステップ

稼働率100%クローゼットの骨子はご理解いただけたと思います。
そこで、ここでは具体的な進め方を10のステップに
分けてご紹介します。いたってロジカルで単純な作業です。
そして一日2時間、たったの3日で完成です!

Step 01 下着は3セット、靴下は5足

まずはすぐに手をつけられるところから

毎日必ず手に取る下着&靴下エリアが片付くと、自然と他のエリアも整えたくなります。私の場合、下着は上下3セット、靴下は5足（タイツがあれば別カウントで3足）に絞っています。あとはサニタリーショーツとガードル、ナイトブラを2枚ずつ。これで十分回ります。その代わり、値段に関係なく本当に好きなモノを選んでいます。適当に買った下着を身につけていると女性らしさまで失われていくようで……。ここではご自身のライフスタイルに合った適量に絞ることが重要です。

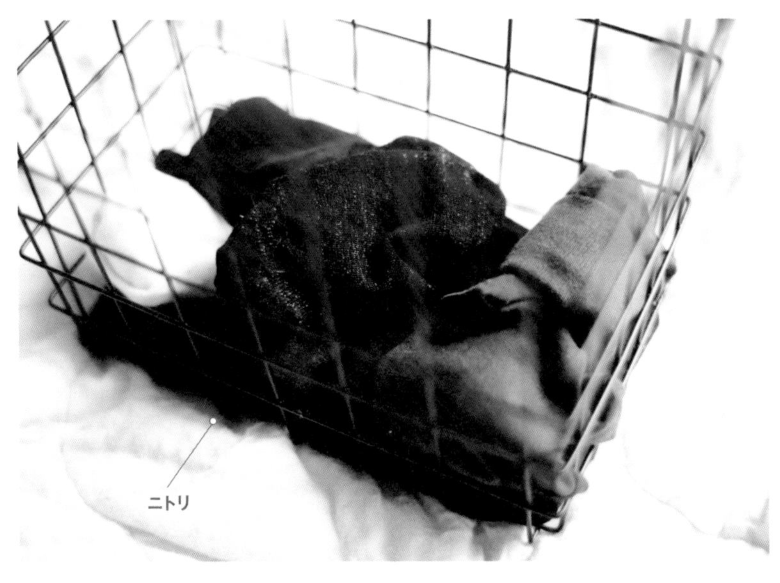

POINT 01 ＼

靴下は好みのカラーをベースに長さを分けてセレクト。

POINT 02 ＼

高品質の下着は毛玉になりにくく形崩れしづらい。3セットをフル循環させて着倒しています。

＼ コレを使っています! ／

○ タビオ

数を減らすと「片方ない!」なんてこともなくなります。私は白も1足キープ。各¥770／靴下屋（Tabio）

○ ワコール

ナイトブラはネットに入れて洗濯機で洗っています。ブラジャー¥9350〜、ショーツ¥4730、ナイトブラ各¥5390〜／パルファージュ（ワコールお客様センター）

Step 02 まずは服を色分けして、色ごとにアイテム分けする

この作業で、被りや無駄が一目瞭然に

ここから洋服の整理に突入です。洋服をすべて広げたら(スペースがなければ広げなくても大丈夫です)、色ごとにただひたすら分けていきます。黒、グレー、白、茶系、赤&ピンク、ブルー系といった具合に。色ごとに分けたら、次に各色をアイテム別に分けていきます。分けるアイテムは左ページに記載した9アイテムです。この時点で、持ちすぎているアイテム、逆に少なすぎるアイテムが一目瞭然になっているかと思います。また意外な色が多かったりして驚くかもしれません。

分けるのはこのアイテム

- アウター
- ワンピース
- シャツ＆ブラウス
- ニット
- Tシャツ＆カットソー
- スカート
- パンツ
- インナー（下着以外）
- パジャマ

このステップですが、アウターは少なく、Tシャツやパンツが多いといったように、数にばらつきがあってももちろん構いません。貴方の"好き"を確認する大切な工程なのです。

Step 03 各アイテムを最大3点までに絞る

いよいよメインイベントの〝好き〞探し

各アイテムにどんなモノを持っているか？　私の経験上、覚えておけるのは3点まで。それ以上あっても持っていることを忘れてしまうので、〝タンスの肥やし〞になりがちです。なので、前出の9のアイテム別に分けたら、次は各アイテムを最大3点までに絞りましょう。どうしても4点以上になる場合はP46に記載した「偏愛カテゴリー」へ。「高かったから」「使えそうなデザインだから」「レア物だから」……そういった雑念は一旦置いておいて、ご自身の心と向き合い、〝好き〞が溢れてくるアイテムだけを残してください。それはそれは幸せになれる作業なので、存分にその時間を楽しむのが最大のポイントです。

Step 04 シミ、黄ばみ、毛玉は潔く手放す

いつか取れる、消える……は幻想です

「気に入っているけど目立つところにシミが。いつかちゃんとお手入れすれば着られるはずだから取っておこう」。断言します。この"いつか"はまず来ません。本当にまた着たいなら今すぐお手入れしちゃいましょう。いつかを待つその間に時間はどんどん流れ、トレンドは目まぐるしく変わっていきます。そして、この洋服はただのタンスの肥やしとなり、日の目を見ることはなくなってしまうのです。すぐにお手入れができないのなら、迷わず手放すのが正解です。

Step 05 偏愛カテゴリーを作る

ライフスタイルに合わせた偏愛カテゴリーを

例えばヨガが趣味で、ヨガウエアをたくさんお持ちならば、ヨガウエアのカテゴリーを作ったり、リゾートに行くのが趣味でビーチドレスや水着が大好きならば、そのカテゴリーをぜひ。ただしルールが一つあります。年に一度は必ず着てあげてください。たとえ毎日着なくても、ここぞという時にフル出動するこれらのアイテムはもはや癒やし。自分の〝好き〟をめいっぱい体感してください。ちなみに私の偏愛カテゴリーは「デニム」です。

POINT 01 ＼

"偏愛"がゆえに
アイテムは自由に。
ただしできるだけ見せ収納を。

POINT 02 ＼

1年以上出動しない
アイテムがあったら
手放す。

Step 06 形崩れする服以外はすべてハンガーで吊り収納

可視化にベストな収納方法はラック掛け

手に取りやすく、着用時と同じ形状を保てる吊り収納は、スタイリストの仕事でコーデを組む際も、稼働率100%クローゼットにおいてもマスト。ここでのルールは二つあります。まず一つ目はハンガーの色を揃えて統一感を出すこと。そして二つ目はスペースに余裕をもって吊るし、パンパンにしないことです。P14-15の写真を見ていただきたいのですが、いっぱいあるように見えてもぎゅっとするとコレだけ。私にはこの量が適量です。そしてニットなど形崩れするモノは畳んで見えるように収納します。

○ UNDERSON UNDERSON ブラトップ

○ HANRO キャミソール

○ PETIT BATEAU タンクトップ

インナーも掛けることで見やすくなり、
まんべんなく着回せます。

＼ コレを使っています！ ／

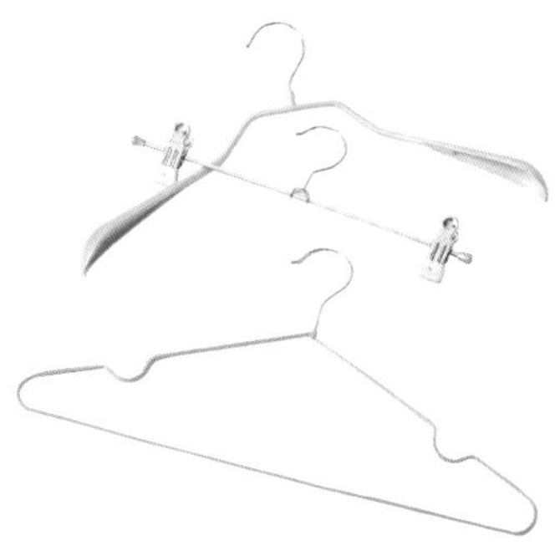

○ MAWA ハンガー

○ ボトムス用 MAWA ハンガー

○ Amazon 限定ブランド・すべらないハンガー

ハンガーは3種類をアイテムに合わせて
使っています。基本、すべらないタイプが◎。

POINT 01 ＼

インナー類も、掛けられるモノはハンガーに吊るして収納。

POINT 02 ＼

洋服に合わせてハンガーも数タイプ用意すると便利。

Step 07 迷ったら"猶予BOX"で1週間寝かせる

手放すか否か、迷ったらとりあえず保留に

好きなモノ探しとはいえ、悩むのは当然のこと。そこで白黒はっきりさせる最適な方法をお伝えします。ダンボールを用意し、悩んだアイテムは一旦その中へ入れます。そして封はせずに、1週間そのままにします。その1週間の間、まったく気にならなければそれは手放していいモノ。手放す時に、改めて見返さないことも重要です。もし一度でも取り出して着た場合は、迷わず復活させましょう。ちなみに私はこのやり方で復活させたアイテムは不思議と一つもありません。

POINT 01 ＼
猶予BOXはダンボールを使用。1週間経ったら見返さずにリサイクルへ。

POINT 02 ＼
そのまま発送できるように、畳んでしまっておくと◎。

CHECK!

決別する時は、捨てるのではなくリサイクル

どんな理由があっても一度はご縁のあった洋服です。廃棄ではなく、誰かに譲ったり、メルカリやトレジャーファクトリーなどのリサイクルシステムを利用するのが、地球にも優しくおすすめです。

私がよく利用しているのがトレジャーファクトリーの宅配買取。ネットで手配でき、自宅集荷してくれるのでとても便利なんです。トレジャーファクトリー www.treasure-f.com

Step 08 ジュエリー&サングラスはお店のようにディスプレイ

なぜお店に行くと購買意欲が湧くのか

私は仕事で何度かVMD(ビジュアルマーチャンダイザー)を任された経験があります。簡単にいうとインテリアコーディネートです。その時に学んだのが、「キレイに並べられたモノを見ると素敵になった自分をイメージできる」ということ。例えばクローゼットを自分だけのセレクトショップ、買い物は買い付けと捉え、アイテムはきれいに見やすくディスプレイ。そう意識するだけでいい未来を常に感じ、散らかしたくなくなります。

POINT 01 ＼

**掛けたり、並べたり。
ディスプレイも自分らしく楽しむ。**

POINT 02 ＼

**額縁やポスターを飾ると、
よりお店のディスプレイっぽくなります。**

Step 09 1年以上履いていない靴は手放す

靴は履くモノであって飾りではありません

「見た目が気に入って買ったけど、履くと痛くて」という方、靴の本来の役目を思い出してみてください。靴は履いて歩くためのものです。痛くて履けない靴を飾っておくなんて本末転倒です。まずは箱に入れたままの靴は箱から出して、可視化し、靴のコレクションが趣味でもない限りは、履かない靴は手放しましょう。また流行るかもしれないという悪魔の囁き(ささや)きを振り払うことがここ、靴パートでのポイントです。

POINT 01 ＼
靴までトータルでコーディネートできるのでクローゼットに収納するのも便利。

POINT 02 ＼
靴も色別&アイテム別（スニーカー、パンプス等）に並べると使いやすい。

Step 10 バッグは運用して循環

ブランドバッグほど見極めは早く

P32のルール09でも書きましたが、価格、需要ともに高めのブランドバッグは惜しまず運用するのも一つの手です。最近はブランドバッグのレンタルも人気のようですが、感覚はそれに近いかもしれません。旬を身につけることはファッションの醍醐味ですし、その高揚感は楽しむべきものだと思うのです。存分に楽しみ、そろそろ手放してもいいかなと感じたらすぐにリサイクルショップへ。きれいな状態で手放せるように日々のケアもお忘れなく（ケア方法はP37）。

POINT 01 ＼
バッグはコーデのポイントとなる役割を担うので旬を大切に。

POINT 02 ＼
高値で売るためにも、買い手のためにも、革のケアはきちんと。

※私物を掲載しておりますため、ブランドへのお問い合わせはご遠慮ください。

COLUMN ＼ 03

私が手放さない大切にしている洋服とは

私にとっての大切な洋服とは二つのカテゴリーに分かれます。一つ目は「初めて着た瞬間に感動を覚えた服」。

試着し、鏡を見た瞬間に思わず「素敵！」と心が躍るほどの感動を与えてくれるかどうか。この感覚を私は大切にしています。感動を与えてくれる洋服には〝体を美しく見せてくれる〟という素晴らしい共通点があります。そのような洋服とはめったに出会えませんが、感動が大きかった服ほど、長年クローゼットの中で循環し続けています。

二つ目は、〝3W〟すなわちその服を着て「誰と（Who）どこで（Where）何を（What）するかがイメージできる服」です。これは、スタイリストの仕事でも常に意識していることです。私のクローゼットの中にも、私がスタイリングをする洋服の中にも、「3W＝誰とどこで何をするための洋服」なのかが分からない服は一着もありません。ストーリーのある洋服は、手放すことなく大切に着続けられています。

今回、ご紹介させていただく名品たちは、この二つのカテゴリーに当てはまるモノのみで、さらにすべての洋服にエピソードがあります。左ページのデニムは8年前に初めての一人旅で行ったロンドンで出会った一本です。かなり細身なので、このデニムを穿けるかどうかがダイエットのバロメーターとなっており、産後もこのデニムを穿くために頑張ることができました。そして、このデニムをかっこよく穿けるおばあちゃんになることが今の目標でもあります。大切にしたいと思える洋服はいざという時頼りになる、お守りのような存在でもあります。つまり、大切な洋服の稼働率を上げれば上げるほど、毎日最高の自分を表現できるのです。

Maison Margiela
– スラックス

ウエストがドロストになっていてストレスフリーな穿き心地。合わせを選ばない色みも◎。何度かお直しをして大切に穿いています。

ATON　– コート

秋から真冬まで頼れる一着。絶妙な細身シルエットでどんなコーデも上品に見せてくれる。キャメル素材なのでとにかく暖かく、軽い。

JIL SANDER　– ゴールドピアス

ショートヘアなので耳元のアクセサリーはマスト。シンプルで小ぶりなのに存在感があるので、ほぼ毎日着けているピアスです。

STELLA McCARTNEY
– ニット

どんなボトムとも相性が良く、着た時のシルエットが絶妙。きれいめカジュアルなスタイリングを完成させるのに必須アイテムです。

小山田早織的名品リスト

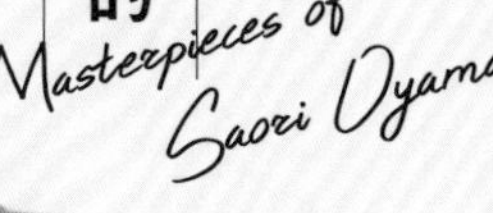

3.1 Phillip Lim
– 白ブラウス

品の良い光沢感にひと目惚れ。カシュクールなので、インナーとのレイヤードを楽しめます。印象も自在に操れる汎用性の高さも魅力。

JIL SANDER
– パックT

3枚セットのパックTなので汚れを気にせずガンガン着回しています。しっかりとした素材なのでお手入れも簡単！　一年中大活躍。

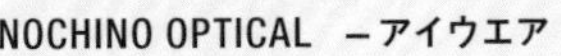

NOCHINO OPTICAL　– アイウエア

日本の技術力が凝縮されたアイウエアブランド。カジュアルになりがちなカラーレンズながら、きれいめなスタイリングとも好相性。

Acne Studios
– ジーンズ

絶妙な加工感が脚を細く真っ直ぐに見せてくれます。このデニムをバロメーターにして産後のダイエットも頑張ることができました。

Uniqlo U
– スカート

一流デザイナーのシルエットをお手頃価格で楽しめるので毎シーズン、チェックしています。こちらは着こなし次第で一年中着られて◎。

JOHN SMEDLEY
– タートルニット

身体のラインを拾いすぎないシルエットが秀逸。何とも言えないチャコールグレーは、まさにこのブランドにしかないカラーです。

モードなオール黒の外しはスニーカー

Jacket Rito
Knit Uniqlo U
Skirt Uniqlo U
Bag BALENCIAGA
Shoes New Balance

シンプルコーデには小物を効かせて

T-shirt JIL SANDER
Denim Acne Studios
Bag RIEMPIRE
Shoes BIRKENSTOCK
Cap URBAN OUTFITTERS

ニットから出したTシャツがアクセント

Coat ATON
Knit STELLA McCARTNEY
T-shirt JIL SANDER
Pants CINOH
Bag Aeta
Shoes ATP Atelier

サイドのスリットからTシャツをチラ見せ

Knit STELLA McCARTNEY
T-shirt JIL SANDER
Pants Maison Margiela
Bag BOTTEGA VENETA
Shoes sergio rossi

個性派ニットはデニムでカジュアルに

Knit CASA FLINE
Denim CITEN
Bag Aeta
Shoes CONVERSE

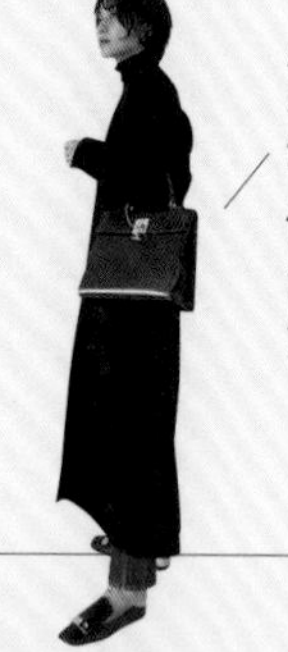

マニッシュテイストはデニムでバランスを

Coat ATON
Knit Uniqlo U
Bag CELINE
Denim CITEN
Shoes sergio rossi

ワントーンでまとめたきれいめコーデ

Knit Deuxième Classe
Skirt GALLARDAGALANTE
Bag CELINE
Shoes GALLARDAGALANTE

細身シルエットでレディな雰囲気を演出

Knit Uniqlo U
Skirt GALLARDAGALANTE
Bag PELLICO
Shoes GALLARDAGALANTE

コケティッシュなブラックコーデ

Jacket Rito
Skirt Uniqlo U
Bag BOTTEGA VENETA
Shoes JIL SANDER
Socks Tabio

メンズライクな小物を生かした着こなし

Tops ESTNATION
Denim Acne Studios
Bag BALENCIAGA
Shoes ATP Atelier

ハードブーツとボーダーは相性抜群！

Tops AKTE
Denim DIESEL
Bag CHANEL
Shoes ATP Atelier

男前ジャケットにはボーダーでラフさを＋

Jacket HELMUT LANG
Tops AKTE
Pants AKTE
Bag Aeta
Shoes GALLARDAGALANTE

COLUMN ＼ 03

MIX and MATCH outfits.

手持ち服で着回しコーディネート

START!

無造作加減がかえってスタイリッシュ！

Coat ATON
T-shirt JIL SANDER
Denim Acne Studios
Bag BALENCIAGA
Shoes JIL SANDER

ハットがアクセントの美スタイルコーデ

Hat Maison Michel
Knit JOHN SMEDLEY
Skirt Uniqlo U
Bag BOTTEGA VENETA
Shoes ATP Atelier

×白ブラウスでフェミニンな雰囲気に

Tops 3.1 Phillip Lim
Tank top PETIT BATEAU
Pants CINOH
Bag BALENCIAGA
Shoes sergio rossi

抜け感がおしゃれなブラックフォーマル

Jacket alexanderwang
Knit Deuxième Classe
Pants Deuxième Classe
Bag BOTTEGA VENETA
Shoes Tory Burch

淡い色みでまとめたニットスタイルが新鮮

Knit CASA FLINE
Skirt Ezick
Bag VASIC
Shoes GALLARDAGALANTE

ワンピONスカートできれいめモードに

Dress BLACK BY MOUSSY
Skirt Ezick
Bag VASIC
Shoes KBF

テイストMIXで叶える大人ボーダーコーデ

Tops AKTE
Cardigan Deuxième Classe
Skirt GALLARDAGALANTE
Bag Aeta
Shoes CONVERSE

×きれいめパンツでTシャツをアップデート

T-shirt HYKE
Pants HYKE
Bag CELINE
Shoes BEAUTY&YOUTH UNITED ARROWS

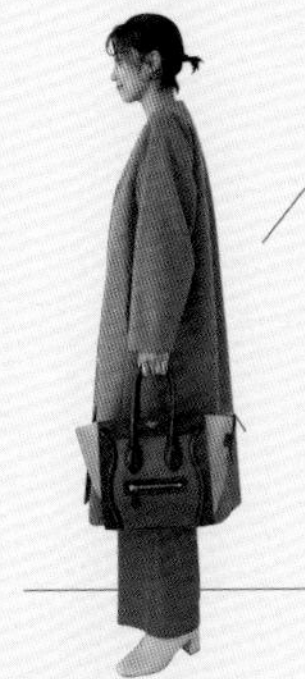

アーシィカラーを組み合わせた着こなし

Coat HYKE
Pants HYKE
Bag CELINE
Shoes GALLARDAGALANTE

ラフになりすぎないセットアップ風コーデ

Tops ATON
Cardigan FILL THE BILL
Pants Deuxième Classe
Bag RIEMPIRE
Shoes 3.1 Phillip Lim
Cap CONVERSE

COLUMN ＼ 04

片付けに行き詰まったら……ピンタレストやインスタグラムの出番

「はぁ、いくらやっても片付かない」。そんな時も当然あります。出すだけ出して、しまうのすら億劫。そういった状況に陥ったら、まずは潔くその場を離れましょう。気分転換にコーヒーやお気に入りのお茶とともに、ひと息つくのもおすすめです。

ただし、テレビを点けたり、映画を見だすのは危険です。あっという間に1時間2時間と時は過ぎ、やる気はどんどん削がれて、最終的には、出したものをそのままクローゼットへ戻してしまうのが関の山。そしてそうなったらもう、片付けに対してネガティブな思いしか残りませんから、どんどん片付けが後回しになってしまいます。

私がよくやる気分転換の方法は、ピンタレストやインスタグラムを開いて、「interior design」もしくは

「インテリア　クローゼット　おしゃれ」と打ち込み、検索をかけます。そうすると瞬時に麗しいお部屋の数々と巡り合うことができます。うっとりしながらその画面を見つめているだけで、士気は高まり、やる気アップに効果絶大です。一瞬で片付けを再開する気持ちになれます。

目線を各画像のディテール（例えばニットがどうしても収まらない、ならばそういうところをピンポイントで）に向ければ、具体的な解決へと繋がることも多いです。

他にも、そのままピンタレストやインスタグラムで、好きな女優さんやモデルさんのファッションチェックをすれば、自分の〝好き〟を再認識できて、どのアイテムを残すか、迷いが吹っ切れることも。

これらは、片付けに行き詰まった時にやる気を取り戻す方法ですが、片付けをする前にも効果的です。私は片付け前にもよく、断捨離や片付け方法の書かれた本を読み、やる気をピークまで持っていってから行動に移していました。

片付けの前後に限らず、普段からそのような類いのハウツー本を読んでみたり、直接関係がないと思っても、美しいファッションやインテリアの写真集に目を通していると、無意識のうちに頭の中に好きなものフォルダができていて、片付けの最中も迷うことが少なくなります。そうなると、片付けの枠を超えて、買い物や仕事での迷いも減りますし、結果的に人生そのものの迷いが減ります。

自分の〝好き〟を知ることは、本当に大事なことです。

片付けに行き詰まった時はもちろんのこと、日頃からご自身の理想、〝好き〟を探す作業にはぜひともトライしてみてください。きっと素晴らしい気付きがあることと思います。

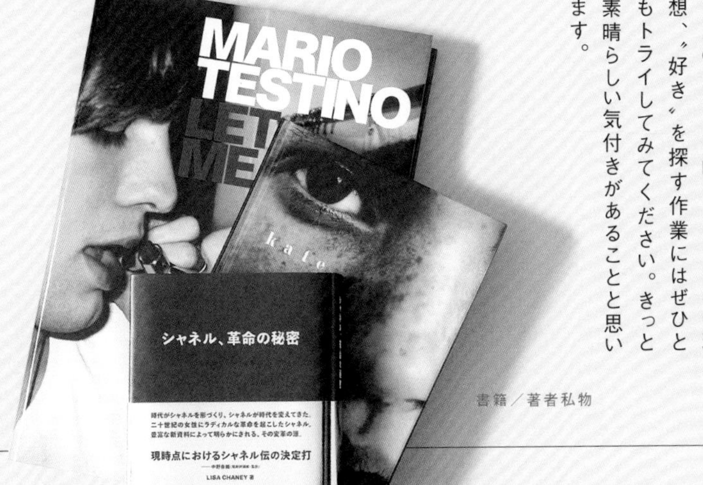

書籍／著者私物

稼働率100%クローゼットのメソッドは、
家じゅうのインテリアに活用できます。
よってクローゼットが完成したら、
次は家じゅうで好きなモノ探しをして、
整理整頓はもちろんのこと
最高の幸せ空間へと昇華させましょう。
大きなポイントは二つ。
一つは、ここでも最初は面積の小さい
洗面台やトイレからスタートすること。
二つ目は、心が満たされる
大好きなモノだけ可視化し、
それ以外のモノは可能な限り
表に出さないことです。
今回、思い切ってご紹介した自宅は
築30年の賃貸マンションです。
入居時に感じた古さに工夫を凝らし、
自分なりの快適な空間にチェンジ。
クローゼットだけでなく、家じゅうを
大好きな空間にすることができました。

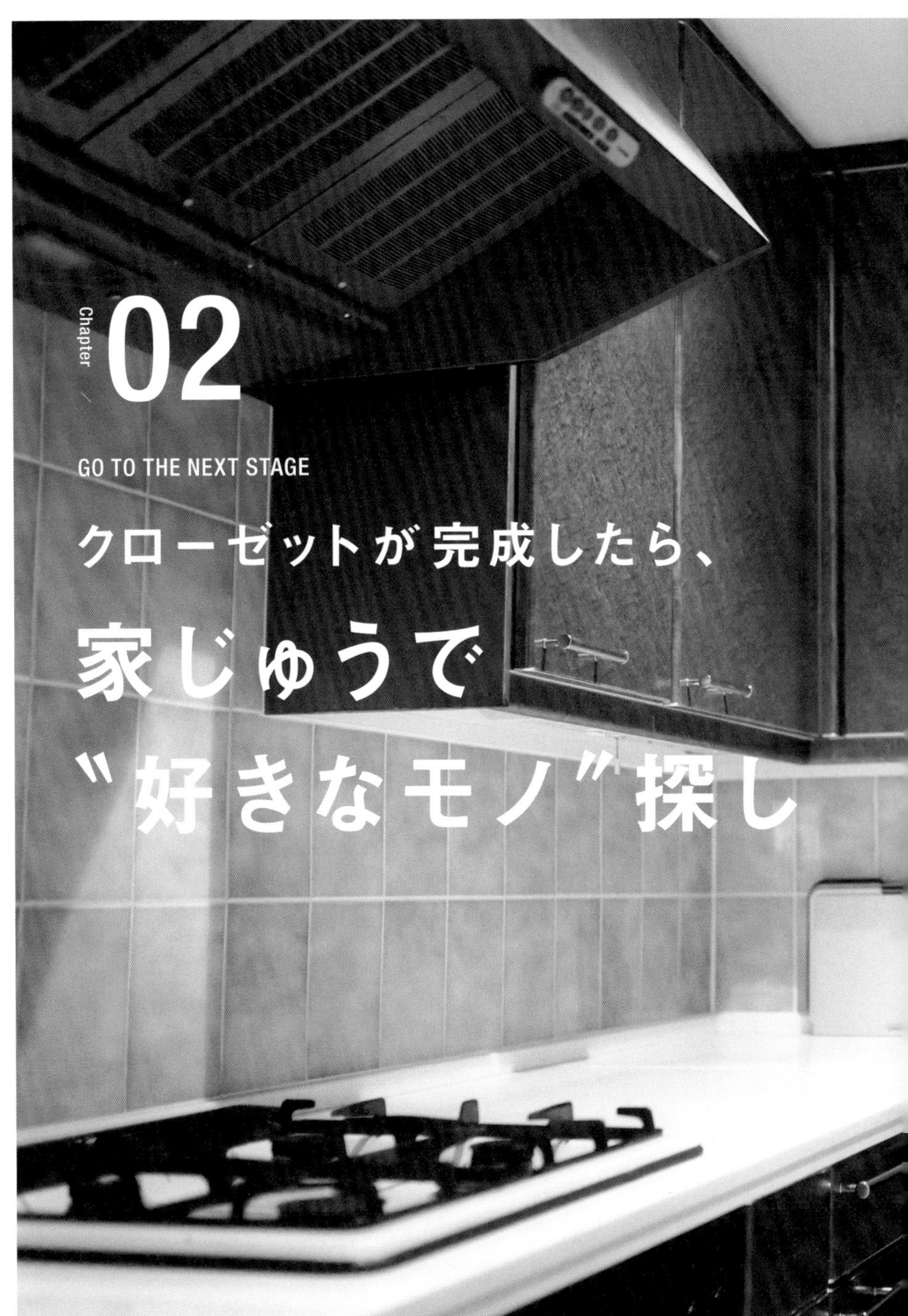

Chapter 02

GO TO THE NEXT STAGE

クローゼットが完成したら、家じゅうで"好きなモノ"探し

STEP 01

最初に手をつけるのは、コスメ回り

並べるのは運命のコスメだけ

以前は、洗面台にずらりとコスメを並べ、その日の気分や肌の状態に合わせてスキンケアを変えていました。しかし、ある時肌が荒れてしまい、どの化粧品が原因か分からなくなったことがあります。この一件は、たくさんのアイテムを所有する必要はなく、肌に合う運命のコスメさえあれば十分なのだという教訓となりました。気になった新作に挑戦しやすく、効果を感じやすいというメリットもありますし、何より洗面台がスッキリとして気持ちが良いものです。

POINT:

❶ **もちろん、スキンケアアイテムも可視化すること。**

❷ **このぐらいの量だと見やすさはもちろん、出し入れもスムーズ!**

コレを使っています!

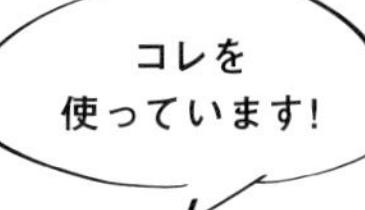

○ DE LA MER ○ olukanMo
○ LANCÔME ○ SINN PURETÉ

最近の運命コスメはランコムとオルカンモ。どちらも効果を実感できたので、しばらくはこの2アイテムで。SINN PURETÉの化粧水はボディにも。そして特別な日はドゥ・ラ・メール。

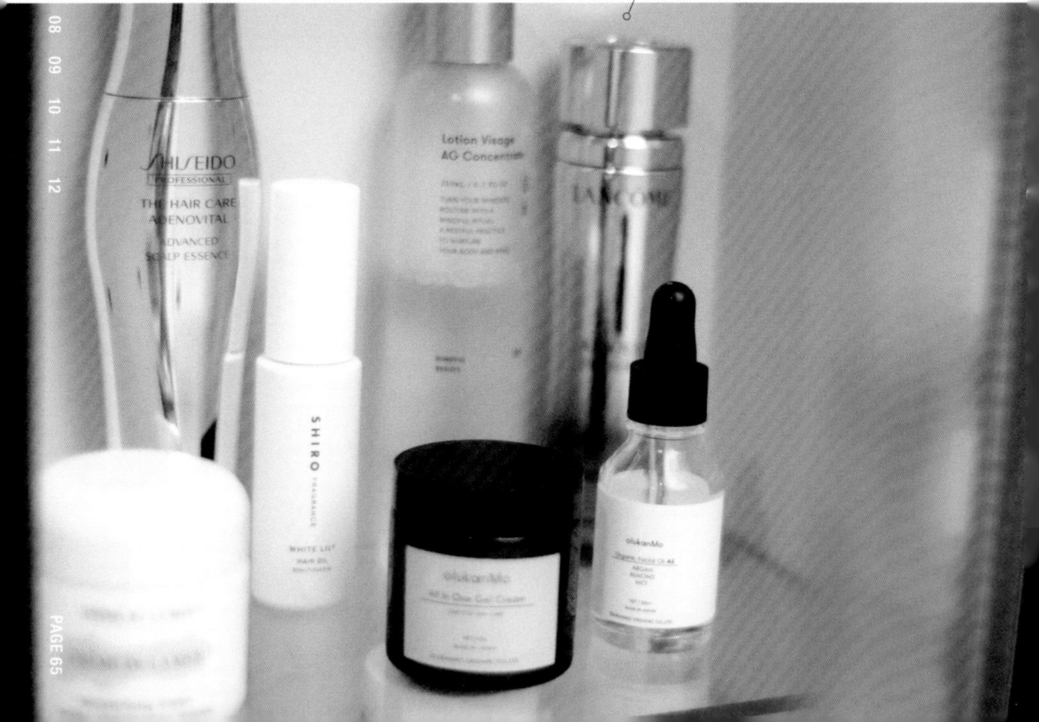

STEP 02

スキンケアアイテムの次はメイクアイテム

メイク道具は"無印良品のメイクボックス"に収まるだけ

リップやアイシャドウなどは同じ赤でも、青みがかった赤、朱赤といったように微妙に違っていて、それはそのままトレンドに直結しています。なので、昔のアイテムを使っていたら、いつまでも昔の顔のまま。また肌に直接触れるものなので、開封したら半年から1年で手放したほうが衛生的とメーカーの方に教えていただきました。お顔は一つしかありません。TPOに合わせたメイクをしていても、このメイクボックスに収まる程度の量で私には十分です。中身は定期的に買い換えて、旬顔キープでいきたいと思っています。

POINT:

❶ メイクボックスの中は
クリアポーチで見やすくアイテム分け。

❷ 定期的に中身をチェックし、
半年から1年で入れ替え。

❸ 髪の色や好きな洋服の傾向が変わったら、
1年経たずとも入れ替えを検討する。

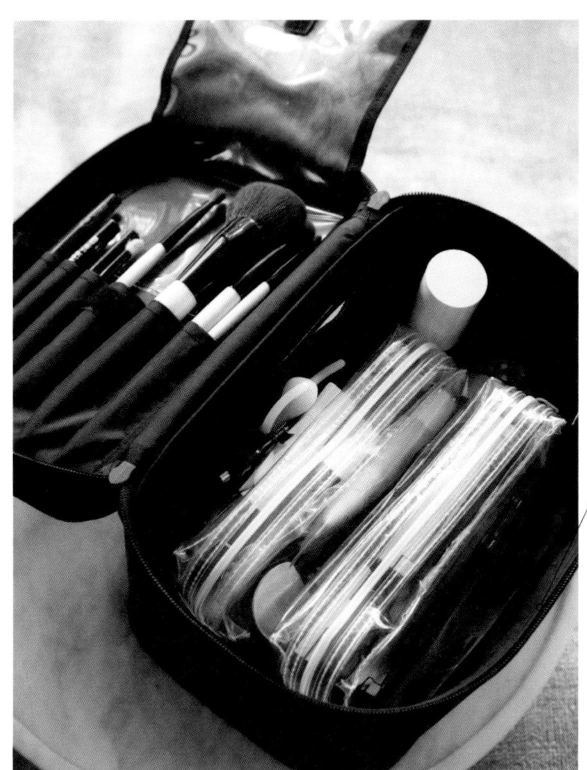

コレを
使っています!

○無印良品
メイクボックス

STEP 03

続いてバスルームを隅々まで整えて

タオルの色は白一択

タオルは基本、白を選ぶようにしています。見た目がスッキリしていて、汚れがすぐに分かり衛生的だからです。4人家族でフェイスタオルが7枚、バスタオルが6枚、来客用に新品を2枚、キッチン用に3枚、ハンドタオルが5枚ほど。黒ずんできたら、海や公園に持参するレジャー用にして、とことん汚れたら手放します。バスタイムの後、真っ白なタオルにぱふっと顔を埋める瞬間、子どもたちの笑顔を包んでいる瞬間は、この上なく幸せを感じられるひとときです。

POINT:

❶ タオルは白で統一して、
黒ずんだらレジャー専用として使用。

❷ 汚れがひどくなったら漂白。それでもダメなら買い換える。

❸ スペースを取るのでストックはしない。

コレを
使っています!

○ THE
洗濯洗剤

植物由来の成分でデリケート素材もOK。タオルはふわふわ、ネットに入れれば下着も洗えるスーパー洗剤です。

STEP 04

バスルームに限らず、鏡と窓はいつもピカピカに

鏡が曇ると気持ちも曇る

ふと見た窓ガラスが汚れていた時に、思い切ってお掃除のプロの方にお願いしたことがありました。それはそれは感動の仕上がりで、うっとり眺めていられるほど。その時、自身の心の曇りも晴れたのですから不思議なものです。プロの方に掃除方法を伺い、そのやり方を今でも実践しています。鏡や窓がピカピカだと清潔感があって居心地のいいものです。週末以外は手を洗った際の〝ついで掃除〟で、マイクロファイバークロスでささっと拭くだけ。たったそれだけで気持ちが晴れ、快適にすごせています。

POINT:

❶ 鏡は"ついで掃除"で
いつでもピカピカをキープ。

❷ キレイな鏡で気持ちも
すっきり晴れやかに。

CHECK!

**洗面台も
"ついで掃除"を**

洗面台は手を洗ったついでに"ついで掃除"をしています。そして週1で鏡にガラスクリーナーを使用。お風呂場も入浴のついでに掃除してしまうと、日々の負担が減って時短にもなります。

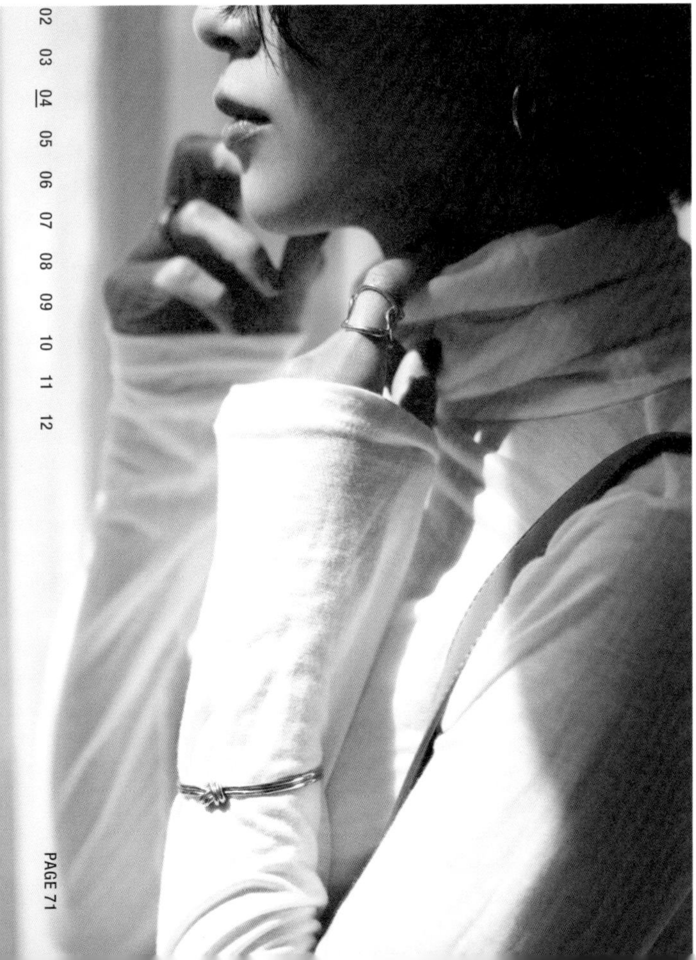

コレを
使っています!

○スクラビングバブル
激泡ガラスクリーナー
○鏡 あっ!キレイ
○マイクロファイバークロス

鏡やガラスは気が付いた時に、このマイクロファイバークロスか、鏡用の特殊シートでさっと拭いています。そして週に1回、ガラスクリーナーできちんと掃除しています。

STEP
05

トイレには
自分らしさをちりばめて

来客に一番見られるのはトイレ

ご存知でしょうか。お客さまに一番じっくり見られるのはトイレだということを。誰もいない個室に、数分間滞在するわけですから当然です。ならばいっそのこと、おもてなし空間として捉えてみるのはいかがでしょうか。お気に入りの絵や写真を飾り、キャンドルやアロマディフューザー、香水の瓶にハンドクリームを置くのがおすすめ。トイレだからこそ香りモノは重宝しますし、コーナーにぎゅっとまとめればごちゃごちゃした感じもありません。仕上げに生花を飾ってフレッシュな雰囲気を演出しています。

POINT:

❶ ハンドソープのそばには
ハンドクリームなど手のケアアイテムを。

❷ トイレの壁に大好きな絵や写真を飾る。

❸ 香りモノの匂いのトーンは揃えて。

STEP 06

ここで一度、
固定観念も手放しましょう

ゴミ箱とお風呂場の椅子は不要

キッチンにフックを付けて、そこへゴミ袋を引っ掛けます。各部屋で出たゴミは毎回この中へ。慣れてしまえば、各部屋のゴミ箱の中身を回収するよりもずっと楽です。インテリアもすっきり、心なしかゴミの量も減っている気がします。袋がいっぱいになったら、そのままマンションのゴミ置き場へ。一軒家だった時は、収集日まで家の外のゴミ置き場に置いていました。お風呂場の椅子もなくしてみると広々と使え、掃除の手間も省けて快適に。世の〝当たり前〟は、必ずしも自分の〝当たり前〟ではないのかもしれません。

POINT:

❶ ゴミ袋はキッチンの内側など、
目立たない場所に設置。

❷ ゴミ袋がいっぱいになったら
こまめにゴミ置き場へ捨てに行く。

❸ ゴミ箱やお風呂場の椅子はあくまでも
私の場合。ご自身にとっての〝不要な
モノ〟を考えてみてください。

STEP 07

水回りのラスト、キッチンを仕上げて

キッチンが散らかると心が疲れる

私はキッチンのテーマカラーを白にして、家電から戸棚の中の収納ケース、洗剤まですべて統一しています。それだけでぐんと見た目がスッキリするのです。そして余計なものは極力カウンターには出さないよう心がけています。食器の水切りカゴも置かず、食器を洗ったら吸水性の高いマットの上に置き、ある程度乾いたらさっと拭いて片付けています。そしてここでも5割収納を徹底。帰宅してキッチンが散らかっていると、それだけでイライラが募ります。自分にとっての快適さをとことん追求したいものですね。

コレを
使っています!

POINT:

❶ 食器も必要な分だけ。

❷ 家電は色を統一
することがポイント。

❸ 散らかりやすい乾物
などは収納ケースに
分類して戸棚に収納。

○サラヤ　ヤシノミ洗剤 プレミアムパワー

○THE　ザ・マジックウォーター

食器洗いはヤシの実由来で地球に優しい洗剤を、シンクの掃除には、アルカリイオンで汚れを落とすスプレーを使っています。どちらも白ベースのシンプルでスタイリッシュなデザイン。

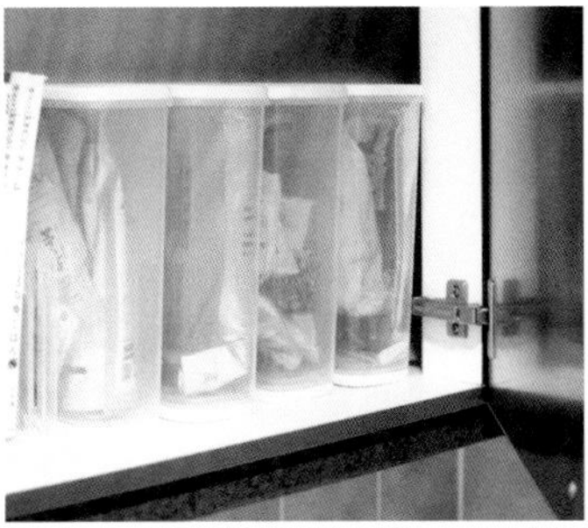

STEP
08

いよいよメインとなる
リビングルームへ

ソファにもブランドバッグ級の贅沢を

リビングルームでの主役はなんといってもソファです。プライベートなお出かけよりも家にいる時間が長くなった今は、ブランドバッグを選ぶように、日常使いするソファにも贅沢をプラスしてはどうでしょう？　おうちでくつろぐ時間がさらに快適になると思います。

ファブリックのソファの汚れが気になったらリンサークリーナーでお手入れ。床には掃除が簡単なクッションフロアをフローリングの上に敷いています。家族だんらんの場所だからこそいつも清潔に、リラックスできるよう最善を尽くしています。

POINT:

❶ 全体のカラートーンを統一する。

❷ サイドテーブルを採用してスペース確保。

❸ 照明選びが部屋の雰囲気を決める。

○ FRANDSEN
フロアランプ

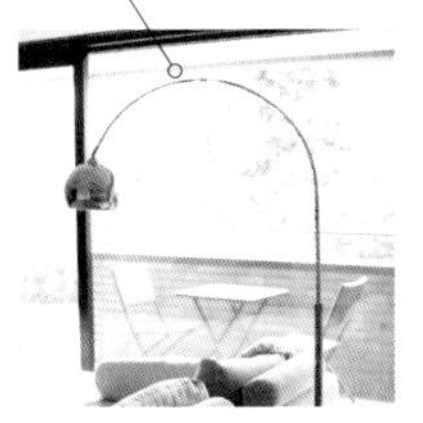

○ Armonia
サイドテーブル

○ Armonia

STEP
09

すぐに散らかる
子どもグッズは知恵を絞って

子どもの
おもちゃは
1週間の
ローテーション

増えてしまいがちなおもちゃ。ポップな色みが多く存在感があり、場所も取るので増やしすぎない方法を模索し、辿り着いたのがローテーション作戦。お気に入りのおもちゃを3セットに分けて、出しておくのは1セットに。残りの2セットは見えない場所へ。1セット目に飽き始める1週間後に、隠しておいた別の1セットを出して、残りは隠します。これを繰り返し、3セットのおもちゃでやりくり。毎週、夢中で遊んでくれて、効果を実感しています。

POINT:

❶ 待機用おもちゃは分けて収納。

❷ ポップなインテリア小物や子どもの工作も
ここに集結させて楽しんでいます。

❸ 子どもたちが自分で片付けられるよう、
分かりやすく収納。

STEP 10

寝る場所は特に好きなモノで埋め尽くす

寝室には自分にとっての眼福アイテムを

朝起きて一番に目に飛び込んでくる空間だからこそ、目に入るモノすべてを常に自分史上〝一番好き〟なアイテムにしたいと常々思い、一つ一つ吟味しながら揃えています。お気に入りの照明にベッド、ブランケット……。決して高価なモノばかりではありませんが価格やブランドにこだわりすぎず、〝好き〟と感じられるアイテムを選んでいます。差し込む月明かりに浮かぶ子どもたちの寝顔も含め、大切な眼福ルームです。ちなみにシーツも枕カバーも2パターンのみと、自分にとっての適量に厳選しています。

コレを
使っています!

イメージは海外のモーテル。アートワークスタジオの照明の真鍮(しんちゅう)に合わせたくて、真鍮の脚のベッドを探していたところ、TIME & STYLEで発見。クイーンとシングルをくっつけて、家族4人で寝ています。下の子用の階段はペットショップで購入。リネン類は海外で買うことが多いですが、ニトリやユニクロの寝具も愛用中です。枕は西川、クッションカバーはイケア。ちなみに奥に見える柵は子どもの落下防止用ベッドガードです。

○ IKEA

○ ARTWORKSTUDIO

○楽天で購入した、
くしゅふわ レーヨンケット

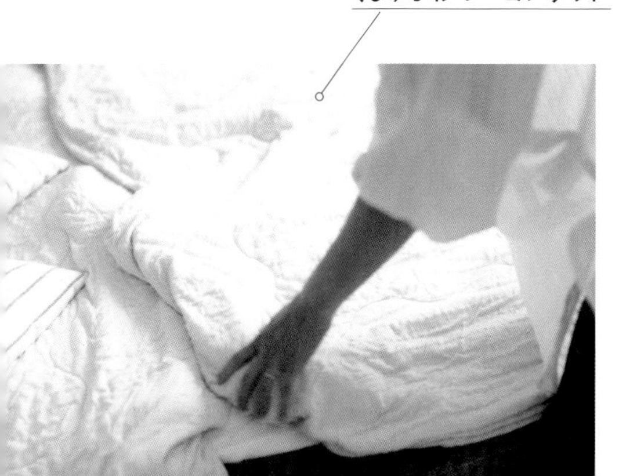

○ TIME & STYLE

STEP 11

毎日使う家電も ここでしっかり見直し

最新家電で 時間を買う

家電は高価なお買い物なので、毎回とことん調べて、時にレンタルで実際に試してから購入しています。仕事と育児が同時進行している今、この最新家電様にどれだけ助けられていることでしょう。最近の家電は耐久年数が長く、機能性も申し分ありません。そして家電のおかげで自由になった時間は、プライスレス。自分のために、家族のために。大切な心の余裕になっています。文句ひとつ言わず、懸命に働く家電の姿に元気をもらうこともしばしばです。

ITEM 01

○LG LG styler

独自のスチーム技術でシワや匂い、ダニや花粉を簡単リフレッシュ。毎日は洗えないデニムやスーツ、さらにぬいぐるみもこの中へ。

ITEM 02

○東芝
ZABOON
TW-127X8L

家庭用洗濯機の中で最大容量なのが購入の決め手。大量の洗濯物を一気に洗えます。

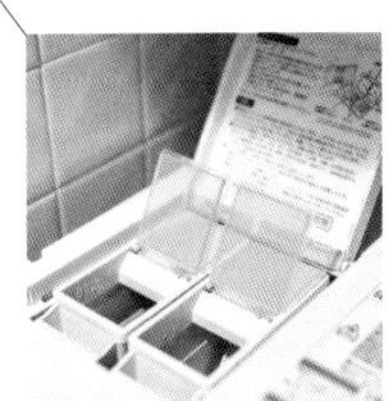

洗剤は自動投入なので、朝はポチッとするだけ。

ITEM 03

○アイリスオーヤマ
リンサークリーナー

ソファやカーペットといった布物を水洗いできる優れもの。子どものこぼしたジュースだってもう怖くありません!

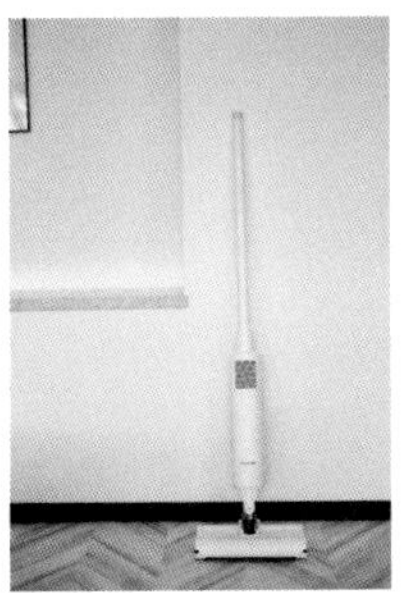

ITEM 04

○ BALMUDA
The Cleaner

360度回転、摩擦抵抗を低減させたヘッドによる浮遊感がすごい。軽いので毎日の掃除が苦でなくなりました。

ITEM 05

○ ECOVACS
DEEBOT T9+

床は常にきれいにしておきたいので、吸引と水拭きを両立してくれるこの家電には本当に助かっています。

ITEM 06

○ dyson
Pure Humidify
+Cool

空気清浄機と加湿器が合体したこちらはタンクのお手入れが楽で、見た目も◎。このご時世、湿度と空気清浄はマスト。

STEP 12

最後は各部屋のデコレーションで総仕上げ

壁も洋服と同じ感覚でスタイリング

私はミニマリストというわけではないので、インテリア雑貨も大好きです。なので素敵なモノはきちんと見せて、居心地のいいおしゃれな空間に仕上げたいと思っています。飾る場所のナンバーワンはなんといっても壁。洋服のコーディネートを組む感覚で部屋のインテリアとのバランスを考え、好きな絵や写真を額装して壁に掛けます。ファッションの参考にもしている洋書も、インテリア小物として活用しています。観葉植物や、オブジェにもなる美しいフォルムの花瓶、イミテーションブックや香りモノも欠かせません。

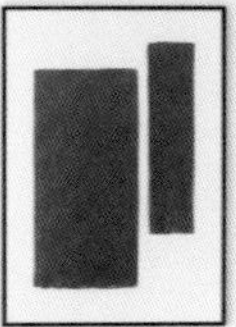

THE POSTER CLUB

IKEA

コレを
使っています!

○ IN NATURAL

観葉植物

グレーのリビングに観葉植物のグリーンが好相性。植物との出会いは一期一会だと思っているので、ご縁だと思ったら購入。ケア方法などは店員さんにしっかり聞きます。

○ THE POSTER CLUB

絵

壁に飾る絵は、コペンハーゲンに拠点を置くポスター専門店のサイトで購入。ここにはいろんな種類の絵やイラストがあって、必ずお気に入りのモノが見つかります。

○ IKEA

フォトフレーム

額はいろいろあり、イケアのモノもあれば、ザ・コンランショップ、アクタスのモノもあります。中の写真は、旅先で撮ったモノなどを加工して入れています。

COLUMN ＼ 05

諦めなければココまでできる!

賃貸リフォーム

The Oyamada's Reform for rent.

心機一転引っ越しを決めた際の
最優先事項は〝広さ〟。
家賃・広さ・立地の折り合いをつけた
結果、ヴィンテージマンションに
巡り合えるも、気になったのは
築30年ならではの重厚感でした。
床はこげ茶のフローリング。
壁は幾何学模様。それならば、
とネットで検索したところ、
原状回復可能な壁と床の張り替えを
行っている業者さんを発見し、
見積もりを確認後オーダーしました。
大掛かりなリフォームをしなくても、
理想の家作りは叶うことを知りました。
インテリアのプロではありませんが、
少しでもご参考になればと思い、
ご紹介します。

Oyamada's Comment

原状回復可能な壁と床の
張り替えで理想のお部屋を実現

壁

Wall

Area Living & Dining room, Entrance, Bedroom, Bathroom
Price アクセントクロス１面¥26400～
（税込／6畳程度の部屋の一面に相当。材料費含む。※エルゴッドホームの規定料金）
Days 2days（※床含む）

面積の広い壁を変えることで家全体の雰囲気は激変

個性がなかったり、逆に強すぎたりすることの多い壁。リビングの幾何学模様、ベッドルームとバスルーム、玄関の白い壁を変えたいと思い、まずは壁紙を選ぶところから始めました。リビングルームとエントランスはライトグレーを、ベッドルームはカームダウンできるように冷静の青、バスルームはタイルを彷彿させる柄を選びました。どれも剝がせるので賃貸にはうってつけ。各部屋に個性も出て愛着もひとしおです。真っ先に目に飛び込んでくるからこそ、変えてよかったなと思います。

BEFORE

Living & Dining room

Bedroom

Bathroom

AFTER

Living room

Bedroom

Bathroom

床

Floor

Area Living & Dining room, Entrance, Bedroom, Bathroom
Price フロア施工¥5500／㎡〜
(税込／材料費含む。※エルゴッドホームの規定料金)
Days 2days(※壁含む)

1ヵ所しか変えられないなら、まずは床がおすすめです

もし1ヵ所だけ変えるなら、印象ががらりと変わる床を変えることをおすすめします。入居時のデフォルトはダークブラウンでした。重厚感がありそれはそれで素敵でしたが、明るい雰囲気の部屋にしたいと思ったことと、乳幼児がいるため掃除のしやすさも考慮して、全部屋の床を変えることに。そして全面変えたとたん、一気に明るい雰囲気に。子どもたちが転んでも安心のクッション効果は副産物でした。しかも、ほぼ床に敷いているだけとのことで退去時も安心です。

BEFORE

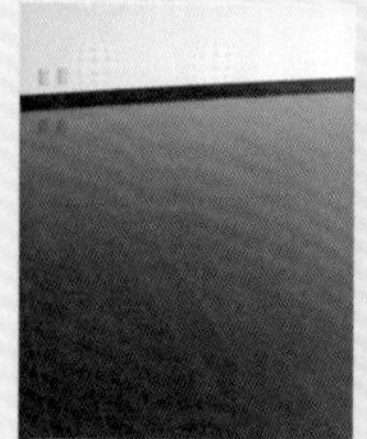
Living room

Kids' room

Bedroom

Closet

AFTER

Living room

Kids room

Bedroom

Closet

お願いしたのは… **エルゴッドホーム**

壁紙は4000種類以上。説明も分かりやすく不安もなし。そんな理由から私はココにお願いしました。結果、大満足の仕上がりに。

賃貸のNG、ホントのところ Q&A

原状回復が原則の賃貸物件。でもこれってどうなの? リフォームをお願いしたエルゴッドホームの平野雅之さんに聞いてみました。

Q1. 壁に穴を開けるのは画びょうでもNGですか?

画びょうなら問題ございません

国土交通省の「原状回復をめぐるトラブルとガイドライン」を読んでみてください。かなり参考になると思います。

Q2. フローリング床をうっかり傷つけてしまいました。

管理会社に相談するのが◎

管理会社の指定業者にお願いする方が自分で探した業者より安い場合も多く、管理会社の監督下になるので安心・確実。DIYは危険です。

Q3. 子どもが壁に落書きを。どうすればいいですか?

わりきって思い出作りを

結局きれいに消せないことが多いようなので、その箇所だけマスキングテープなどで区切って落書きOKエリアにしてみてはどうでしょう。

Q4. 気がついたら壁が黄ばんでいます……。

内装用コーキング剤がおすすめです

面積が小さければジョイントコークという内装用コーキング剤を、指でコンシーラーを使うような感覚で馴染ませると、目立たなくなる場合が多いです。

Q5. 壁紙は2年で減価償却って本当ですか?

あいにく6年となっています

ただし、床や建具等は経年数が考慮されないので前述した国土交通省のガイドラインを読んでおくと敷金返却トラブルを防げる可能性が高まります。

COLUMN ＼ 06

最後に、日々を彩る お気に入りたちをご紹介します

お部屋全体のスパイスとして、
奥行きを演出してくれるインテリア小物。
香りモノやお皿、花瓶に洋書。
随所に〝好き〞をちりばめて、
私のリラックス空間は完成します。

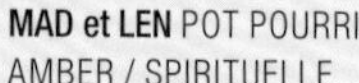

ROOM FRAGRANCE
ルームフレグランス

ギフトとして頂くことも多い香りアイテムは
お部屋のアクセントとして飾っています。香りは自分だけが
楽しむのではなく、おもてなしの一つだと思っています。

MAD et LEN POT POURRI
AMBER / SPIRITUELLE

天然樹脂の琥珀（こはく）に香りをコーティングしたポプリタイプのこちらは『with』チームから出産祝いで頂いたもの。インテリアとしても素敵。

BYREDO BLANCHE

ロンハーマンで見つけてひとめぼれしたオードパルファン。玄関に置いていて、出がけにシュッと。ルームスプレーとしても楽しんでいます。

CULTI MILANO MAREMINERALE

ACTUSでリピート購入しているディフューザー。シンプルデザインのボトルも、さりげないながら存在感のある香りもお気に入りです。

JO MALONE
LIME BASIL&MANDARIN

クセになる独特な香りのルームスプレー。しっかり香るので、急な来客時も、シュッとひと吹きするだけで部屋全体がいい香りに。

diptyque BAIES

1滴垂れるごとにしっかり香る砂時計型のディフューザーは時々逆さにして楽しみます。カシス&ブルガリアンローズのいい香り。

athletia GREEN RAY

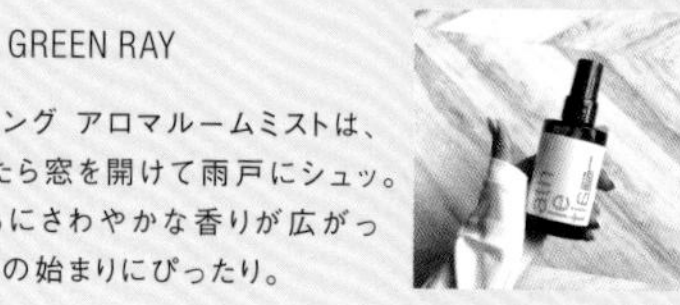

スイッチング アロマルームミストは、朝起きたら窓を開けて雨戸にシュッ。風とともにさわやかな香りが広がって、一日の始まりにぴったり。

TABLEWARE
テーブルウェア

テーブルウェアもスタイリングと同様、
センスが表れる場所です。お気に入りを見つけるたびに
少しずつ集めて、その都度、何を盛ろうかと考えています。

Ron Herman Living の黒いお皿

食器棚に並べるだけでもインテリアの一部になるようなおしゃれな食器が多数揃うので、店頭で毎回迷います。このお皿は使い勝手抜群!

ACTUS の小皿

和洋、様々なキッチングッズがセレクトされていてお気に入りのお店、ACTUSのもの。使い勝手の良さとデザインのバランスが◎。

TIME & STYLE の小鉢、中鉢

陶器やグラス、焼き物についていつも店員さんがていねいに教えてくれるのでとても勉強になります。こちらのお皿はハンドメイド。

Cutipol のカトラリー

こちらは人気のGOAシリーズ。スタイリッシュな佇まいと豊富なカラーバリエーションが魅力で、少しずつ集めて楽しんでいます。

DIESEL LIVING のお皿 3 枚セット

アパレルブランドから出ているだけあって、他にはない斬新なデザインが魅力。こちらは工業用部品をモチーフにして作られたプレート。

HARIO のハンドドリッパー

毎日愛用して年季の入ったドリッパー。円錐型でコーヒーの香りと美味しさが増すだけでなく、プラスティック製でお手入れが簡単なのも◎。

DECORATION ITEMS
デコレーションアイテム

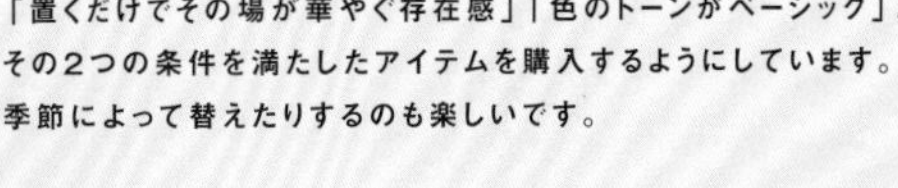

「置くだけでその場が華やぐ存在感」「色のトーンがベーシック」。
その2つの条件を満たしたアイテムを購入するようにしています。
季節によって替えたりするのも楽しいです。

ZARA HOME のブランケット

大判なので、我が家ではソファカバーとしても大活躍。カラーバリエが豊富なので、季節や気分に合わせて楽しめるところもお気に入り。

好きなブランドのコンセプトブック

大好きなブランドのコンセプトブックは、眺めているだけでも幸せな気分に。インテリアにもなって、一石二鳥のすぐれもの。

ZARA HOME のフラワーベース

全体の大きさに対して口が小さめなので、お花を飾るとリッチな雰囲気に。艶があるフラワーベースはお花なしでも存在感十分。

ACTUS の観葉植物

ポンと置くだけでお部屋に奥行きが生まれる観葉植物はもはや必須。アクタスは植木鉢の種類が厳選されているので、選びやすいです。

Kate Moss の本

理想的なボディの持ち主、ケイト・モス。ヌード写真多めのこちらは、見ているだけでダイエットのモチベーションが上がります。

Marshall の Bluetoothスピーカー

ビジュアルの良さはもちろんのこと、充電式のコードレスなのでお部屋もすっきり、どこでも音楽を楽しめる便利アイテム。音ももちろん良質です。

おわりに

今回ご紹介した「稼働率100%クローゼット」は、
言い換えると「循環するクローゼット」です。
この〝循環〟という言葉に、実は二つの意味を持たせています。
一つ目は、着ない服をゼロにして、
手持ちの服を着回して〝循環〟させるということ。
もう一つは、クローゼットから手放した先の社会への〝循環〟です。
以前、メルカリのグリーンフライデープロジェクトに参加する機会がありました。
大量消費を促すブラックフライデーに対抗した取り組みで、
サスティナブルな消費の在り方について真剣に考え、
参加者の「着なくなった服」と「メルカリで見つけた服」を
組み合わせてスタイリングをする、という仕事でした。
それは、ファッションが大好きな私に、環境のことも
真剣に考えるべき時代に突入していることを
はっきりと教えてくれた出来事でした。
このプロジェクトに参加したことで、
「自分にとっては不要なモノが、誰かの欲しいモノ」かもしれない
ということを知り、社会全体で循環させることで
モノの寿命を延ばすことができるということを学びました。
サスティナブルな素材のモノを選ぶのも、環境のために
まずは手軽にできることの一つです。
ですが、サスティナブル素材の服を大量に所有するのでは意味がなく、
大好きなモノを適量持ち、適切に循環させていくことが大切なのだと思います。

私はミニマリストでもなければ断捨離をしているわけでもありません。
幼い頃からおしゃれをすることが大好きで、この仕事に就き、
毎シーズントレンドを取り入れたスタイリングをご提案させていただく
立場だからこそ辿り着いた、クローゼットに特化したお片付け方法です。
今回の書籍化も、「稼働率100%クローゼット」が与えてくれた
数々の魔法の中の大きな一つです。
自己肯定感が崩壊していた私をまさか再び書籍の出版ができるまでに
立ち直らせてくれたことに、私自身とても驚いています。
そして、人生そのものの楽しみ方はもちろんのこと、
SNSなどネット世界との適切な付き合い方をも教えてくれました。
今日この本を手に取って読んでくださった方にとって、
このメソッドが毎日を彩る何らかのヒントとなりましたら幸いです。

小山田早織

STAFF

撮影　MURAKEN、野口マサヒロ（WIND / P2, P6-P8, P10, P13, P21, P22-P23, P25, P71）、五十嵐勇生（TRON / P19, P29, P85）、奥田一平（静物切り抜き）
ヘア&メイク　猪股真衣子（TRON）
デザイン　會澤明香、佐藤里穂、松本夏芽（Mo-Green）
編集　飛谷朋見

SHOP LIST

ワコールお客様センター　0120-307-056
Tabio　0120-315-924

"着ない服"がゼロになる!
稼働率100%クローゼットの作り方

2021年10月29日　第1刷発行
2022年6月10日　第3刷発行

著者　小山田早織

発行者　鈴木章一
発行所　株式会社 講談社
〒112-8001
東京都文京区音羽2-12-21
電話　編集 03-5395-3469
販売 03-5395-3606
業務 03-5395-3615

印刷所　大日本印刷株式会社
製本所　大口製本印刷株式会社

ISBN 978-4-06-526192-7